샘 올트먼 Sam Altman

일명 '챗GPT의 아버지'로 불리는 오픈AI의 CEO이다. 미국의 기업가, 투자가이자 프로그래머이기도 하다.

미국의 유대인 가정에서 태어났다. 스탠퍼드 대학에서 컴퓨터 과학을 전공하다 중퇴하고, 2005년 위치 기반 소셜 네트워킹 서비스 회사인 룹트(Loopt)를 공동 설립하여 19세에 CEO가 되었다. 2011년부터 시드 엑셀러레이터인 ███████████████ator)에 참여하였으며, 20██████████████████████████다. 2015년 일론 머스크 등 ████████████████████████했고, 2022년 대화형 인█████████████████████계적 반향을 불러일으키고 █████

옮긴이 **김동환**

코인데스크 코리아, 오마이뉴스 기자로 일했다. 블리츠랩스 사업개발담당이사(CBDO)로 스타트업을 경험했다. 현재 원더프레임 대표를 맡고 있다. 옮긴 책으로는 《비탈릭 부테린 지분증명》이 있다.

일러스트 김형균
디자인 공중정원·박진범

샘
올트먼의
스타트업
플레이북

와이콤비네이터부터 챗GPT까지

샘 올트먼의
스타트업 플레이북

초판 1쇄 발행 2023년 05월 15일
2쇄 발행 2023년 10월 10일

지은이 샘 올트먼
옮긴이 김동환

출판총괄 선우지운
편집 이주희
본문디자인 mmato
일러스트 김형균
표지디자인 공중정원
펴낸곳 여의도책방
인쇄 (주)예인미술
출판등록 2018년 10월 23일(제2018-000139호)
주소 서울시 영등포구 국제금융로6길 33 11층 1108호
전화 02-6952-5622
이메일 esangbook@lsinvest.co.kr
ISBN 979-11-91904-27-7 03320

• 여의도책방은 (주)퓨처서비스의 출판 브랜드입니다.
• 저자와 출판사의 허락 없이 내용의 일부를 인용하거나 발췌하는 것을 금합니다.
• 잘못되거나 파손된 책은 구입한 서점에서 바꾸어 드립니다.
• 책값은 뒤표지에 있습니다.

오픈AI
CEO

a.k.a.
챗GPT의
아버지

샘
올트먼의

스타트업
플레이북
와이콤비네이터부터
챗GPT까지

여의도
책방

차 례

일러두기
지은이 주는 ●, 옮긴이 주는 *으로 표기했습니다.

왜 샘 올트먼인가

2022년 말에 공개된 오픈AI(Open AI)의 인공지능 챗봇 '챗GPT(ChatGPT)'는 많은 것을 바꿔놓았습니다. 불과 몇 개월 만에 대부분의 사람들이 인공지능 시대의 도래에 대해 이야기하게 되었지요. 그리고 그 대화의 가장 중심에 서 있는 사람 중 하나가 바로 샘 올트먼입니다.

사실 올트먼은 '챗GPT의 아버지'로 유명해지기 전에도 기업가이자 투자자, 작가로 유명했던 사람입니다. 일찌감치 스탠퍼드 대학을 중퇴하고 스무 살에 스타트업을 시작해 부자가 되었고, 스물

여섯 살부터 다른 스타트업에 투자를 하고 성장을 도와주는 엑셀러레이터 기업 와이콤비네이터(Y Combinator)에서 파트너로 일했습니다.

와이콤비네이터는 에어비앤비(Airbnb), 드롭박스(Dropbox), 핀터레스트(Pinterest), 레딧(Reddit), 스트라이프(Stripe) 등 2010년 이후 유명해진 기술 기업들의 투자사로 유명합니다. 올트먼은 스물아홉 살이 되던 2014년에 와이콤비네이터의 CEO가 되어 2019년까지 수천 개의 기술 기업들을 키워냈습니다. 인류를 위해 일반 인공지능(AGI)을 개발하는 목표를 가지고 있는 비영리 연구 기업 오픈AI는 그런 와중에 만든 회사입니다.

올트먼은 인공지능 이외에도 교육, 의료 분야 등에서 인류의 미래를 다루고 있는 여러 기업들에 투자자로 참여하고 있습니다. 아직 많다고 할 수 없는 30대의 나이임에도 좋은 사업 아이디어와 기술을 발굴해서 스타트업을 키워내는 데 '도가 튼' 인물로 알려져 있는 이유입니다.

올트먼은 앞으로 또 어떤 기업들을 만들게 될까요.

이 책에는 그가 생각하는 스타트업 경영의 핵심이 담겨 있습니다. 세계 최고의 투자자가 인사이트를 얻는 방식, 그리고 올트먼의 이후 행보를 가늠해 볼 수 있는 가장 기본적인 나침반이 될 책을 여러분께 소개하게 되어 기쁩니다.

2023년 5월

옮긴이 김동환

스타트업이 처음인 사람들을 위하여

안녕하세요? 저는 와이콤비네이터의 샘 올트먼이라고 합니다.

아시다시피 우리는 스타트업 엑셀러레이터입니다. 그래서 스타트업 회사들에게 조언을 제공하는 데 많은 시간을 씁니다. 특히 창업가와 1:1로 진행하는 상담은 항상 중요하지요.

그런데 어느 날 문득 이런 생각이 들었습니다. '우리가 상담하는 내용 중에 스타트업 모두에게 일반화시킬 수 있는 부분을 추려서 일종의 플레이북을 만들면 어떨까? 그럼 와이콤비네이터를 확장하는 데 더 도움이 되지 않을까?'

그러다가 아예 모든 사람이 볼 수 있게 공개하면 좋겠다고 생각했죠.

이 책에는 스타트업 세계에 처음 입문하는 분을 위한 내용을 담았습니다. 와이콤비네이터의 파트너들이 쓴 글을 많이 읽어본 분들에게는 대부분 새로운 내용이 아닐 거예요. 그저 보기 좋게 정리해서 여러 사람이 읽을 수 있게 만든 책이랍니다.

나중에 스타트업을 확장하는 방법을 다루는 두 번째 책을 쓸 수도 있는데, 일단 이 책에서는 스타트업을 시작하는 방법에 대해서 설명하려고 합니다.

¤

스타트업의 목표는 '사용자가 좋아하는 것을 만드는 일'이라고 생각합니다. 그렇게 하려면 더 많은 사용자를 확보할 수 있는 방법을 찾는 게 중요하지요. 이 첫 번째 부분이 정말이지 매우매우 중요합니다. 오늘날 정말로 성공한 회사들을 생각해 보세요. 그들은 대부분 초기 사용자들이 너무 좋아해서 다른 사람들에게까지 소문을 낸 제품에서 출발했습니다. 이렇게 하지 못하면 스타트업은 실패합니다. 스타트업의 묘지는 이 단계를 건너뛸 수 있다고 생각한 사람들로 가득 차 있습니다.

어떤 사용자는 우리 제품을 좋아하는데, 어떤 사용자는 싫어한다면 어떻게 해야 할까요. 제가 드릴 수 있는 말은 많은 사용자가 좋아하는 제품보다 소수의 사용자가 사랑하는 제품을 먼저 만드는 편이 훨씬 낫다는 것입니다. 많은 사용자가 제품을 애매하게 좋아하는 상황과, 소수의 사용자가 우리 제품을 열렬히 사랑하는 상황을 가정해 봅시다. 그 긍정적인 느낌의 총량이 같다면, 후자 쪽이 추가로 사용자를 확보하기가 훨씬 쉽습니다. 결과적으로 나중에 더 많은 사용자를 모으게 되지요.

¤

경고를 한마디 하자면, 스타트업 창업은 매우 짜증나고 괴로운 일입니다. 우리가 와이콤비네이터 창업가들로부터 가장 일관되게 듣는 피드백 중 하나가 바로 "말도 못하게 힘들다!"는 말입니다. 스타트업 창업을 하기 전에는 스타트업에서 어떤 종류의 업무를 소화해야 하고, 일의 강도는 어느 정도인지에 대해 배울 방법이 없거든요. 그래서 창업 전에 상상했던 것보다 더 힘들다는 토로를 듣곤 합니다. 솔직히 말씀드리자면 나 홀로 스타트업을 창업하기보다는 어느 정도 성장 속도가 붙으려고 하는 초기 단계의 스타트업에 합류하는 편이 조금 덜 힘듭니다. 특히 재정적인 측면에서는 훨씬 유리하지요.

하지만 놀랍게도 스타트업을 시작하는 것은 당신의 경력에 그다지 위험하지 않을 수 있습니다. 능숙한 하드 스킬(직무 능력)이 있다면 창업에 실패하더라도 금방 다른 일자리를 찾을 수 있을 테니까요. 대부분의 사람들은 위험을 평가하는 데 아주 서투릅니다. 가끔 정말 열정을 가진 아이디어나 프로젝트를 뒤로하고 안전하고 쉬우면서 성취감이 없는 직장에서 일하고 있는 사람을 보곤 합니다. 저는 개인적으로는 그런 게 더 인생을 위험하게 만드는 선택이라고 생각합니다.

¤

성공적인 스타트업을 위해서는 최고의 아이디어(판매 시장을 포함한), 탁월한 팀, 훌륭한 제품, 뛰어난 실행력이 필요합니다. 자, 지금부터 같이 살펴볼까요.

1장
아이디어

STARTUP PLAYBOOK

THE IDEA

와이콤비네이터는 보통 스타트업을 만나면 두 가지를 가장 먼저 물어봅니다. 하나는 '무엇을 만드는가', 다른 하나는 '그걸 왜 만들고 있는가'입니다.

The Product _명확하고 간결한 제품 설명

우리는 이 단계에서 명확하고 간결한 답변을 해주는 창업가를 찾습니다. 이 질문은 창업가를 평가하기 위한 질문이기도 하지만 그 사람이 가지고 있는 아이디어 자체를 평가하기 위한 질문이기도 합니다.

이 질문은 정말 중요합니다. 일단 창업가는 명확하게 사고하고 소통할 수 있는 사람이어야 합니다. 그래야 나중에 채용, 투자금 유치, 판매 등의 작업을 잘할 수 있거든요. 아이디어 역시 명확해야 합니다. 일반적으로 명확하지 않은 아이디어는 널리 퍼질 수 없으니까요. 복잡한 아이디어는 대부분의 경우 이미 어딘가 문제가 있다는 신호입니다. 스타트업 아이디어를 이야기했는데 사람들의 흥미를 잡아끌지 못한다면, 그 아이디어가 별로라는 뜻이죠.

The User _사용자에 대한 이해

또 하나의 중요한 질문을 추가하자면, '누가 그 제품을 절실히 필요로 하는가'입니다.

가장 좋은 상황은 스타트업을 창업한 사람이 바로 주요 사용자인 경우입니다. 내게 필요한 제품 아이디어로 창업을 한 경우가 되겠죠. 두 번째로 좋은 상황은 창업가가 주요 사용자를 매우 잘 이해하고 있는 경우입니다.

이미 사용자를 확보하고 있는 회사라면 현재 사용자 수, 그리고 그 수가 얼마나 빠르게 증가하고 있는지를 묻습니다. 상담 과정에서 회사가 왜 더 빠른 속도로 성장하지 못했는지 파악하고, 특히나 더 중요하게는 지금의 사용자들이 회사의 제품을 정말로 좋아하는지 파악하려고 노력합니다. 사용자들이 제품을 정말로 좋아한다면 회사가 별다른 권유를 하지 않아도 알아서 친구들에게 그 제품을 추천하고 있을 것입니다. 그 다음에는 사용자들로부터 회사가 수익을 창출하고 있는지, 그렇지 않다면 그 이유는 무엇인지 묻습니다.

아직 사용자가 없는 경우에는 가장 이상적인 상태를 정해놓고 그 상태에 도달하기 위해 현 시점에서 어떤 작업을 가장 먼저 해야 하는지 파악하려고 합니다. 보통 아이디어를 테스트하는 방법은 첫째로 그 아이디어를 시장에 출시해서 어떤 일이 일어나는지 직접 확인하는 것입니다. 둘째로는 잠재적인 사용자와 접촉해서 실제 판매가 이뤄질 가능성이 있는지 확인해 볼 수도 있지요. 예를 들어 제품의 코딩 첫 줄을 작성하기 전에 콘셉트만 가지고 사람들에게 구매 의향이 있는지 설문 조사를 해보는 식입니다.

첫 번째 시장 출시 방식은 일반 소비자 대상 비즈니스(B2C) 아이디어를 정리하는 데 더 효과적이고, 두 번째 잠재적 사용자와의 접촉은 기업 대상 비즈니스(B2B) 아이디어를 정돈하는 데 도움이 됩니다. (상대 회사가 무언가를 구매하겠다고 말한다면, 지금 당장 그걸 만들어 보세요.)

특히, 기업 대상으로 제품을 만드는 엔터프라이즈 기업과 대화할 때에 가장 먼저 물어보는 것 중 하나는 '지금 만들고 있는 제품을 구매하겠다는 고객 의향서를 가지고 있는가'입니다. 대부분의 생명공학 및 하드 테크(Hard tech) 기업에서 아이디어를 테스트하는 방법은 먼저 잠재 고객과 대화를 나눈 다음, 고객이 원하는 내용과 우리가 적용할 수 있는 기술의 가장 작은 교집합을 찾는 것이거든요.

스타트업을 할 때에는 먼저 사용자를 찾고, 그 사용자로부터 피드백을 받으면서 아이디어를 발전시켜야 합니다. 아이디어를 평가하고, 훌륭한 제품을 만들고, 훌륭한 회사를 만들기 위해서는 사용자를 잘 이해하는 것이 중요합니다.

The Company _창업하려는 확실한 이유

앞서 언급했듯이 스타트업은 정말 어렵습니다. 보통 성공까지는 상당히 오랜 시간이 걸리고 지속적으로 강도 높은 노력을 기울여야 합니다. 창업가와 동료들은 이를 지속하기 위해 사명감을 공유해야 하지요. 그래서 우리는 창업가에게 왜 꼭 '이 회사'로 시작하려고 하는지를 묻습니다.

How to Monopoly _성장에 대한 계획

또한 '언젠가 회사가 어떻게 독점적 상태에 도달하게 될 것인지'도 질문합니다. 이에 대해서는 다양한 용어가 있지만, 우리는 피터 틸(Peter Thiel)이 말하는 정의*를 사용합니다. 물론 경쟁사에 대해 비윤리적인 방식으로 행동하는 회사는 원하지 않습니다. 그 대신 규모가 커졌을 때 더욱 강력해지고 모방하기 어려워지는 비즈니스를 찾고 있습니다.

* **독점 기업** 페이팔(Paypal)을 세운 피터 틸은 저서인 《제로 투 원(Zero to one)》에서 다른 누군가와 경쟁하지 않으면서 독점 기업을 세우라고 조언한다. 세상을 0에서 1로 만들어 가는 '새로운 것'을 창조함으로써 불필요한 경쟁에서 탈피하라는 것이다.

The Market _가장 적합한 시장

　마지막 질문은 시장에 대한 것입니다. 현재 접근하고 있는 시장의 규모와 성장 속도, 그리고 10년 후에도 그곳이 큰 시장일 것이라 예상하는 이유를 묻습니다. 스타트업을 제대로 이끌기 위해서는 해당 시장이 빠르게 성장하는 이유와 그곳이 자신들이 공략하기에 좋은 시장인 이유를 이해해야 합니다.

　우리는 시장 진출과 관련해서 각별히 좋아하는 타이밍이 있습니다. 바로 중요한 기술 변화가 막 시작되었지만, 아직 대부분의 사람들은 그 변화를 깨닫지 못했을 때입니다. 이런 시기에 덩치가 큰 대기업은 변화에 잘 대처하지 못합니다. 스타트업에게 틈새 기회가 열리는 것이죠. 작은 시장의 큰 부분을 공략하는 것이 좋은 답이라고 생각합니다.

¤

　아이디어에 대한 생각들을 몇 가지 더 풀어볼까요.

New one _명확히 새로운 아이디어

우리는 '어딘가에서 봤던 것 같은데…' 하는 생각이 드는 것들보다는 명확히 새로운 아이디어를 선호합니다. 누구나 이름을 한 번씩 들어봤음직한 대기업들도 새로운 아이디어를 찾습니다. 모든 회사가 새로운 것을 찾는데, 스타트업이 가져온 아이디어가 이미 어디선가 본 느낌이 든다? 그렇다면 우리는 그 스타트업의 미래에 대해 회의적입니다. (물론 기존 아이디어와 비슷한데 우리 아이디어가 열 배 정도 더 나은 결과를 낸다면 그것은 새로운 아이디어라고 봐야 할 것입니다.)

또 하나의 중요한 이유는 흔한 아이디어로 쉬운 작업을 하는 것보다, 완전히 새로운 아이디어로 어려운 작업을 하는 편이 의외로 더 쉬운 길이기 때문입니다. 어려운 일을 시작한다면 사람들은 당신을 돕고 함께하려고 하겠지만, 쉽고 시시한 일을 도우려는 사람은 많지 않을 겁니다.

Sound bad _훔칠 가치가 없는 아이디어

최고의 아이디어는 별로인 것처럼 들리지만 사실은 좋은 아이디어입니다. 그러니 자신의 아이디어를 너무 비밀스럽게 숨길 필요는 없습니다. 실제로 좋은 아이디어는 훔칠 가치가 없는 것처럼 들릴 가능성이 높거든요.

때때로 '저건 훔쳐야겠다!' 하는 생각이 들게끔 하는 아이디어들이 있습니다. 하지만 그런 아이디어를 가지고 있는 사람은 정말 많습니다. 좋은 아이디어를 훌륭한 회사로 바꾸는 데 필요한 역할을 해줄 사람보다 적어도 천 배는 많지요. 아이디어만으로 스타트업의 성공이 보장되지는 않습니다. 차라리 당신이 하고 있는 일을 좋은 사람들에게 알리세요. 그러면 그들이 도움을 줄 겁니다.

사람들에게 아이디어를 말하는 것에 대해 조금 더 이야기해 보고 싶네요. 어떤 사람들은 당신의 아이디어를 처음 들었을 때 상당히 흥미로워할 것입니다. 하지만 아마 그 숫자는 아주 적을 거예요. 거의 대부분의 사람들은 당신의 아이디어가 형편없다고 말할 겁니다. 어쩌면 그 말이 맞을 수도 있고, 어쩌면 그들이 스타트업을 평가하는 데 서툴거나 질투심 때문에 그렇게 말하는 것일 수도 있지요. 이유가 무엇이든 그런 일은 자주 일어나고, 당신은 상처받을 것이며, 영향을 받지 않으리라 다짐하더라도 결국은 받게 될 것입니다. 저는 본인이 하는 일에 대한 믿음을 더 키우라고 권하고 싶습니다. 그리고 당신이 뭘 해도 싫어하는 사람들에게 너무 끌려다니지 마세요. 그래야 더 나은 창업가가 될 수 있습니다. 당신이 아무리 성공해도 당신을 싫어하는 사람은 절대 사라지지 않아요.

Idea first _자연히 떠오른 아이디어

딱히 아이디어는 없지만 스타트업을 시작하고 싶다면 어떻게 해야 할까요? 저는 아이디어가 우선이라고 말하고 싶습니다. 좋은 아이디어가 생겼을 때에, 스타트업을 통해 그 아이디어를 세상에 알리는 편이 훨씬 더 낫습니다.

우리는 실제로 아이디어가 없는 유망한 창업 팀에게 자금을 주고 훌륭한 아이디어가 나오기를 바라는 마음으로 그 팀을 지원하는 실험을 해본 적이 있습니다.

모두 실패했습니다. 저는 좋은 창업가들은 좋은 아이디어를 너무 많이 생각해 내는 경향이 있다는 것이 문제의 일부라고 생각합니다. 그리고 더 본질적인 문제는 일단 스타트업을 시작하면 쫓기게 된다는 데 있습니다. 서둘러 좋은 아이디어를 떠올려야 하는데, 이미 공식적인 회사가 만들어져 비용을 쓰면서 돌아가고 있기 때문에 너무 황당한 아이디어는 떠올리지 못하게 됩니다. 결국 그 럴듯하게 들리지만 어디선가 한 번쯤은 들어봤음직한 흔한 아이 디어가 나오게 되죠. 이것이 바로 피봇*의 위험성입니다.

그러니 너무 억지로 스타트업 아이디어를 만들려고 하지 마세 요. 대신 다양한 것들에 대해 배워보세요. 문제, 비효율적으로 보 이는 것, 주요 기술 변화를 알아차리는 연습을 하세요. 흥미를 느 끼는 프로젝트에 참여하세요.● 똑똑하고 흥미로운 사람들과 어울 려 보세요. 언젠가는 아이디어가 떠오를 것입니다.

큐알코드를 스캔하시면 '프로젝트와 회사'를 주제로 한 샘 올트먼의 에 세이를 읽어보실 수 있습니다. 각주에 있는 URL을 통해서도 동일한 페 이지로 연결됩니다.

---

* Pivot 축을 중심으로 회전한다는 뜻을 가진 영어 단어로, 기존 사업의 방향이나 정책 을 전략적으로 전환하는 것을 일컫는다.
● **Projects and Companies** http://blog.samaltman.com/projects-and-companies

it likely won't sound like it's worth stealing.

The best ideas
sound bad but
are in fact good.
So you don't need to be too
secretive with your
idea—if it's actually
a good idea,

2장
탁월한 팀

STARTUP PLAYBOOK

A GREAT TEAM

평범한 팀은 위대한 기업을 만들지 못합니다. 우리가 스타트업 투자에 앞서 가장 중요하게 보는 것 중 하나는 창업가의 역량입니다. 아울러 저는 후기 단계 투자를 할 때에 창업가가 고용한 직원의 역량도 똑같이 중요하게 살펴봅니다.

Great founder _소통 능력과 전문 지식

훌륭한 창업가의 조건은 무엇일까요. 가장 중요한 특성은 불굴의 의지, 강철 같은 결단력, 바위 같은 강인함, 어떤 임무가 주어져도 완수해 내는 수완 같은 것들입니다. 지능과 열정 또한 매우 높은 순위를 차지합니다. 이러한 자질은 업에 대한 단순한 경험치나 특정 언어에 대한 숙련도, 프레임워크를 능숙하게 사용할 수 있는가 하는 것보다 훨씬 더 중요하다고 할 수 있습니다.

우리의 경험에 따르면 가장 성공적인 창업가들은 함께 일하는 사람들의 스트레스를 줄여줍니다. 그들과 일할 때면 "이 사람이라면 무엇이든 해결할 수 있다."라는 느낌이 들기 때문입니다. 때로는 순전히 의지의 힘으로 성공하는 경우도 있습니다.

훌륭한 창업가들은 겉으로 보기에 모순되는 여러 가지 특성을 가지고 있습니다. 한 가지 중요한 예는 강직함과 유연함입니다. 회사의 핵심 요소와 사명(Mission)에 대한 확고한 신념을 가지고 있으면서도 거의 모든 면에서 매우 유연하고 새로운 것을 기꺼이 배우고자 하는 자세가 필요합니다.

최고의 창업가들은 유난히 반응 속도가 빠릅니다. 이는 결단력, 집중력, 집요함, 그리고 일을 끝까지 해내는 능력을 나타내는 지표입니다.

대화하기 어려운 창업가는 대부분의 경우 나쁜 창업가입니다. 사실, 커뮤니케이션은 이런 대화에서 거의 논의되지 않는 가장 중요한 창업 기술이라고 생각합니다.

특히 기술 기반 스타트업에는 회사의 제품이나 서비스를 잘 구축할 수 있는 한 명 이상의 창업가, 영업을 잘하고 사용자들과 소통할 수 있는 한 명 이상의 창업가가 반드시 필요합니다. 한 사람이 모든 업무를 다 소화할 수 있다면 행운이겠지요.

Cofounder _서로의 버팀목

공동 창업가를 선택할 때에는 신중해야 합니다. 공동 창업가 선택은 스타트업에서 가장 중요한 결정 중 하나입니다. 그런데 종종 상당히 무작위로 이루어지죠. 창업가 모임에서 처음 만난 사람 중에서 섣불리 선택하지 말고, 잘 아는 사람을 선택하세요. 함께 일할 사람에 대한 정보를 더 많이 파악하고 있을수록 더 잘 고를 수 있습니다.

잘 아는 사람을 골라야 하는 이유가 하나 더 있습니다. 스타트업의 가치는 부침이 심할 수 있는데, 어느 시점에는 도저히 가망이 없는 지점 아래로 뚫고 내려가는 경우도 있습니다. 이 시기에 당신의 공동 창업가가 당신과 오랫동안 관계를 쌓아온 사람이라면 좀 더 버텨볼 수 있습니다. 당신도 그 사람도 서로를 실망시키고 싶지 않을 것이고, 계속 함께할 가능성이 높습니다. 공동 창업가 간의 결별은 초기 스타트업의 주요 사망 원인 중 하나이며, 창업가들이 창업이라는 분명한 목적으로 만난 경우 매우 빈번하게 발생합니다.

스타트업을 시작하기 전에 맞을 수 있는 최선의 상황은 좋은 공동 창업가를 만나는 것입니다. 차선은 단독 창업가가 되는 것입니다. 최악은 나쁜 공동 창업가를 만나는 것입니다. 일이 잘 풀리지 않는다면 빨리 헤어져야 합니다.

마지막으로 회사 지분에 대한 간단한 참고 사항을 공유하고 싶습니다. 회사 지분 분할에 대한 논의는 시간이 지날수록 어려워지므로 초기에 설정하는 것이 좋습니다. 거의 동등하게 나누는 것이 가장 좋지만, 공동 창업가가 두 명인 경우에는 공동 창업가 중 한 사람이 지분의 51퍼센트를 갖도록 하는 것이 좋습니다. 이도 저도 할 수 없는 의사소통의 교착 상태가 발생하는 것을 방지해 주기 때문입니다.

I think this is the most important rarely-discussed founder skill.

Founders that are hard to talk to are almost always bad.

Communication is a very important skill for founders—in fact,

3장
훌륭한 제품

STARTUP PLAYBOOK

A GREAT PRODUCT

스타트업 성공의 비결은 바로 훌륭한 제품을 만드는 것입니다.
모든 위대한 기업의 유일한 공통점이죠.

User's love _사용자가 사랑하는 제품

사용자가 좋아하는 제품을 만들지 못하면 결국 실패할 수밖에
없습니다. 하지만 창업가들은 항상 다른 비결을 찾습니다. 스타트
업은 그러한 요령이 통하지 않는 곳입니다.

훌륭한 제품만이 장기적으로 성장할 수 있는 유일한 방법입니다. 언젠가는 회사가 너무 커져서 모든 성장 비법이 더는 통하지 않게 될 것이고, 오직 제품을 사용하고자 하는 사람들에 의해 성장해야 합니다. 이것이 바로 큰 성공을 일군 기업을 이해할 때 가장 중요한 점입니다. 다른 방법은 없습니다. 정말 성공한 기술 기업들은 모두 이렇게 합니다.

Get closer _사용자에 대한 깊은 이해

많은 스타트업들이 회사에서 '제품 개선 엔진'을 구축하고자 합니다. 특별한 계기 없이도 지속적으로 제품력을 개선해야 하니까요. 아주 일반적인 방법은 사용자들과 대화하고 그들이 제품을 사용하는 것을 지켜보면서 어떤 부분이 수준 이하인지 파악한 다음 제품을 개선하는 것입니다. 그런 다음 이 과정을 다시 반복하는 것이죠. 성공하기 위해서는 이 주기가 회사의 가장 중요한 초점이 되어야 하며, 다른 모든 것을 주도해야 합니다. 매주 5퍼센트씩 제품을 개선한다면 그 효과는 배가될 것입니다.

이 주기의 반복 속도가 빠를수록 회사는 일반적으로 더 나은 결과를 얻습니다. 우리는 우리가 엑셀러레이팅하는 기간 동안 창업가들에게 제품을 만들고 사용자와 대화하는 데 집중해야 한다고 강조합니다. 먹고, 자고, 운동하고, 사랑하는 사람들과 시간을 보내는 것 외에는 아예 다른 일을 하지 말라고 하죠.

이 사이클을 제대로 수행하려면 사용자와 매우 가까워져야 합니다. 말 그대로 사용자가 제품을 사용하는 것을 지켜봐야 합니다. 가능하다면 그들의 사무실에 앉아보세요. 사용자가 하는 말과 실제 행동 모두를 중요하게 생각해야 합니다. 가능한 한 창업가와 사용자 사이에 누구도 끼어들지 않는 게 좋습니다. 이는 창업가들이 영업, 고객 지원 등을 직접 수행해야 한다는 의미입니다.

최선을 다해 사용자를 이해하세요. 사용자에게 필요한 것이 무엇인지, 어디에서 찾을 수 있는지, 무엇이 그들을 자극하는지 파악해야 합니다.

Very small pieces _가능한 한 단순하게

"확장성이 없는 일을 하라(Do things that don't scale)."는 말은 이제 스타트업의 모토가 되었습니다. 이 말은 실행의 중요성을 강조한 말입니다. 일단 일을 하라는 것이죠. 어떤 경우에는 초기 사용자를 한 번에 한 명씩 모집한 다음(핀터레스트를 만든 벤 실버만Ben Silbermann은 팔로알토의 커피숍에서 낯선 사람에게 다가가 이 앱을 좀 사용해 달라고 요청하곤 했습니다), 그들이 원하는 것을 만들어야 합니다.

많은 창업가가 이 과정을 싫어하고 언론을 통해 한 번에 제품을 알리고 싶어 합니다. 하지만 언론 홍보는 거의 효과가 없습니다. 발품을 들여 사용자를 모집하고, 그렇게 모집한 사용자가 스스로 친구에게 이야기할 정도로 좋은 제품을 만들어야 합니다.

또한 일을 아주 작은 조각으로 나누고 반복하고 조정하면서 진행해야 합니다. 너무 멀리 내다보고 계획하지 말고, 모든 것을 한 번의 업데이트로 해결하려고 하지 마세요. 가능한 한 표면적이 작은 아주 단순한 것부터 시작하여 생각보다 빨리 출시하는 것이 좋습니다. 사실 단순함은 언제나 좋은 것이므로 제품과 회사를 가능한 한 단순하게 유지해야 합니다.

Good enough? _가장 근본적인 질문

우리는 문제를 겪고 있는 스타트업과도 자주 대화합니다. 그럴 때 하는 단골 질문이 몇 가지 있습니다. 사용자가 제품을 두 번 이상 사용하나요? 사용자가 제품에 열광하나요? 당신의 회사가 사라진다면 사용자들이 정말 실망할까요? 사용자가 알아서 다른 사람에게 제품을 추천하나요? B2B 기업이라면 최소 열 곳 이상의 유료 고객이 있나요?

그렇지 않다면, 제품이 문제의 근본적인 원인인 경우가 많으며, 우리는 기업에게 제품을 개선하라고 말합니다. 저는 회사가 성장하지 않는 이유에 대한 이런저런 변명에 회의적입니다. 진짜 이유는 제품이 충분하지 않아서인 경우가 대부분이기 때문입니다.

스타트업이 제품 개선을 위해 다음에 무엇을 해야 할지 확신하지 못하거나 제품이 충분하지 않은 경우, 우리는 사용자와 대화를 나누고 오라고 돌려보냅니다. 모든 경우에 효과가 있는 것은 아니지만(사람들이 헨리 포드Henry Ford에게 더 빠른 말을 달라고 요구한 것은 분명한 사실입니다*), 의외로 자주 효과가 있습니다. 특히 회사 내부에서 의견이 일치하지 않는 부분이 있으면 사용자와 대화하세요.

---

* **더 빠른 말을 달라** 자동차를 보급시킨 헨리 포드는 "만약 고객에게 무엇을 원하는지 물었다면 그들은 조금 더 빠른 말과 마차라고 답했을 것."이라는 말을 남겼다. 소비자들은 더 좋은 것을 원할 뿐 '자동차'라는 구체적인 혁신을 상상하지는 못했다는 의미로 사용된다.

최고의 창업가들은 제품의 품질에 대해 너무 많은 관심을 가지며, 중요하지 않아 보이는 세부 사항까지도 지나치게 신경을 쓰는 것처럼 보입니다. 하지만 이러한 태도는 효과가 있습니다. 참고로 '제품'에는 사용자와 회사와의 모든 상호 작용이 포함됩니다. 따라서 회사는 훌륭한 서비스뿐만 아니라 훌륭한 구매 경험 등 만족스러운 판매 상호 작용을 제공해야 합니다.

기억하세요. 훌륭한 제품을 만들지 못하면 그 어떤 것도 당신의 회사를 구원할 수 없답니다.

If you do not build a product users love you will eventually fail.

Here is the secret to success:

This is the only thing all
great companies
have in common.

have a great product.

4장
뛰어난 실행력

STARTUP PLAYBOOK

A GREAT EXECUTION

훌륭한 제품을 만드는 것은 필요하지만 그걸로 스타트업의 성공이 보장되지는 않습니다. 많은 창업가들이 '제품이 좋으니 이제 경험 많은 관리자를 고용하면 되겠지?'라고 생각하지만 그것은 매우 널리 퍼져 있는 환상이자, 실패한 기업들의 무덤이기도 합니다. 창업가가 해야 할 업무를 오랫동안 다른 사람에게 아웃소싱할 수는 없습니다.

당연한 말처럼 들리지만 이제 돈을 벌어야 합니다. 지금이 바로 그 방법에 대해 생각하기 시작할 좋은 시기입니다.

CEO의 유일한 보편적인 직무는 회사의 성공을 보장하는 것입니다. 일반적으로 CEO로서 결격 사유가 될 만한 결점이 많은 사람이더라도, 자신의 능력을 보완할 수 있는 사람들을 고용하고 그들이 제대로 일할 수 있도록 한다면 창업가로서 충분히 기능할 수 있습니다. 반면 화려한 MBA를 가진 경험 많은 CEO는 당신의 기술적인 능력을 보완해 줄 수 있겠지만 사용자를 잘 이해하지 못하고, 제품에 대한 감각이나 열정도 당신과 같지는 않을 것입니다.

4-1

성장

성장과 모멘텀(Momentum)은 훌륭한 실행의 열쇠입니다. 성장은 모든 문제를 해결하며(90센트 지폐를 90센트에 파는 식의 성장이 아니라면), 성장의 부재는 성장 외에는 어떤 것으로도 해결할 수 없습니다. 성장하고 있다면 승리하고 있는 것처럼 느껴지고 사람들은 행복해합니다. 성장하고 있다면 항상 새로운 역할과 책임이 주어지고 커리어가 발전하고 있다고 느끼죠. 성장하지 않으면 패배하는 것처럼 느껴지고 사람들은 불행해하며 떠날 것입니다. 성장하지 않으면 사람들은 책임을 회피하고 서로를 비난할 것입니다.

Top priority _최우선 과제는 성장

기력이 소진된 창업가와 동료는 모멘텀 없이 스타트업에서 일하게 됩니다. 이것이 얼마나 사기를 떨어뜨리는지는 아무리 강조해도 지나치지 않습니다.

뛰어난 실행을 위한 가장 중요한 지침은 "추진력을 잃지 말라." 입니다. 하지만 어떻게 해야 할까요?

가장 중요한 방법은 바로 '성장'을 최우선 과제로 삼는 것입니다. 회사는 CEO가 측정하는 대로 움직입니다. 어떤 지표를 성장의 기준으로 삼아야 할지 모르겠다면 그걸 찾아내야 합니다. 회사가 최적화를 위한 단일 지표를 가지는 것은 가치가 있으며, 올바른 성장 지표를 파악하는 것에 시간을 투자하는 것 또한 가치가 있습니다. 성장에 관심을 갖고 실행 기준을 설정하면 회사의 나머지 구성원들도 성장에 집중하게 됩니다.

몇 가지 예를 들어볼까요.

에어비앤비의 창립자들은 달성하고자 하는 성장률에 대한 미래지향적인 그래프를 그렸습니다. 그리고 이 그래프를 냉장고, 책상 위, 욕실 거울 등 사방에 게시했습니다. 그 주에 목표치를 달성했다면, 좋죠. 달성하지 못했다면 모두가 그 수치에 대해 이야기했습니다.

마크 주커버그(Mark Zuckerberg)는 페이스북(Facebook, 현 메타
Meta)에서 가장 중요한 혁신 중 하나로 성장 곡선이 둔화되었을
때 이를 관장하는 '성장 그룹'을 설립한 것이라고 말한 적이 있습
니다. 이 그룹은 회사에서 가장 권위 있는 그룹 중 하나였으며, 지
금도 여전히 그 중요성을 모두가 알고 있습니다.

성장을 가로막는 요소의 목록을 작성하세요. 어떻게 하면 더 빠
르게 성장할 수 있을지 회사 차원에서 논의하세요. 제한 요인이
무엇인지 알면 자연스럽게 이를 해결하는 방법에 대해 생각할 수
있습니다.

어떤 일을 고려하고 있다면 '이게 성장을 최적화하는 최선의 방
법인가?'라고 자문해 보세요. 예를 들어, 일반적으로 컨퍼런스에
참석하는 것은 상당히 많은 판매를 기대하지 않는 한 성장을 최
적화하는 최선의 방법은 아닙니다.

Share internally _무엇이든 함께하기

지표(및 재무)에 대한 내부 투명성을 극도로 높이는 것은 좋은

방법입니다. 어떤 이유에서인지 창업가들은 항상 이를 두려워합니다. 하지만 회사 전체가 성장에 집중할 수 있도록 하는 데는 큰 도움이 됩니다. 회사 직원들이 지표에 얼마나 집중하는지와 회사의 성과 사이에는 직접적인 상관관계가 있는 것 같습니다. 실적 지표를 숨기면 사람들이 실적 달성에 집중하기 어렵습니다.

말이 나온 김에 실적 지표에 대해 말씀드리자면, 허영심에 찬 목표에 현혹되지 마세요. 흔히 저지르는 실수는 가입자를 늘리는 데에만 집중하고 재구매(리텐션, Retention)를 무시하는 것입니다. 하지만 리텐션은 신규 사용자 확보만큼이나 성장에 중요한 요소입니다.

또한 모멘텀을 유지하기 위한 내부 규칙성과 일의 리듬을 설정하는 것도 중요합니다. 새로운 기능 추가, 고객 확보, 채용, 매출 목표 달성, 파트너십 체결 등 내부 및 외부에서 이야기할 수 있는 진행 상황의 '드럼비트(Drumbeat)'가 있어야 합니다.

공격적이지만 달성 가능한 목표를 설정하고 매월 진행 상황을 검토해야 합니다. 성공을 축하하세요! 항상 내부적으로 전략에 대해 이야기하고, 고객으로부터 들은 내용을 모두에게 알려주세요. 좋은 정보든 나쁜 정보든 내부적으로 더 많은 정보를 공유할수록 더 나은 결과를 얻을 수 있습니다.

Traps _쓸데없는 걱정들

창업가들이 자주 빠지는 함정이 몇 가지 있습니다. 하나는 회사가 미친 듯이 성장하고 있는데도 모든 것이 심하게 망가지고 비효율적으로 보이며, 모든 사람이 회사가 무너질 것이라고 걱정하는 상황입니다. 하지만 실제로 이런 일은 거의 일어나지 않는 것 같습니다(기술 부채로 인해 사라진 가장 최근의 스타트업 사례는 프렌드스터 Friendster입니다). 직관적으로 보면, 빠르게 성장하고 있지만 최적화되지 않은 부분이 있다면 더 많은 성장을 위해 고치기만 하면 된다는 뜻입니다. 제가 가장 좋아하는 투자는 정말 빠르게 성장하고 있지만 최적화되지 않은 기업, 즉 저평가된 기업에 투자하는 것입니다.

이와 관련된 함정은 너무 먼 미래의 문제, 즉 "어떻게 대규모로 이 일을 할 것인가?"에 대해 생각하는 것입니다. 정답은 '그때가 되면 방법을 알아낸다.'입니다. 충분히 생각하지 않아서 죽는 스타트업보다 이 질문에 대해 토론하다가 죽는 스타트업이 훨씬 더 많습니다. 유용한 지침은 사업이 현재 규모의 열 배 규모에서 어떻게 작동할지에 대해서만 고려해 보는 것입니다. 대부분의 초기 단계 스타트업은 "확장성이 없는 일을 하라."는 문구를 벽에 붙이고 이를 실천해야 합니다. 가령 뛰어난 스타트업은 초기에 항상 탁월한 고객 서비스를 제공하며, 그렇지 않은 스타트업은 단위 경제(Unit economics)에 미칠 영향과 확장되지 않을 경우에 대해 걱정합니다. 하지만 탁월한 고객 서비스는 열정적인 초기 사용자를 만들고, 제품이 개선됨에 따라 고객이 일반적으로 어려움을 겪는 부분을 파악하여 해당 영역에서 제품 사용자 경험을 개선할 수 있기 때문에 추가적인 고객 지원 비용을 절감하는 결과로 연결됩니다. (훌륭한 고객 서비스를 제공하는 것은 정말 중요합니다.)

다만 여기에서 한 가지 짚고 넘어가야 할 사실이 있습니다. "확장성이 없는 일을 하라."는 말은 '돈을 벌지 않아도 된다.'는 이야기는 아니라는 것입니다. 사업 초기에 단위 경제성이 좋지 않은 것은 괜찮지만, 초기를 지나면 점점 단위 경제성이 좋아질 수 있는 타당한 이유를 만들어야 합니다.

또 다른 함정은 성장률이 백분율 기준으로는 좋지만 절대 수치로 보면 보잘 것 없다는 점에 집중해서 사기가 저하되는 현상입니다. 인간은 기하급수적인 성장에 대한 직관력이 매우 떨어집니다. 모든 거대 기업은 작은 숫자에서 성장하기 시작했다는 사실을 팀원들에게 상기시켜 주세요.

가장 큰 함정은 창업가가 성장을 가져올 것이라고 믿지만 실제로는 거의 효과가 없고 엄청난 시간을 잡아먹는 것들에 빠지는 것입니다. 일반적인 예로는 다른 회사와의 거래와 '대대적인 언론 홍보'가 있습니다. 이러한 함정에 주의하고 사실상 효과가 없다는 점을 이해해야 합니다. 대신 사용자가 좋아하는 제품을 만들고, 직접 움직여서 사용자를 모집한 다음, 다양한 성장 전략(광고, 추천 프로그램, 영업 및 마케팅 등)을 테스트하여 효과가 있는 것을 더 많이 실행하세요. 모든 뛰어난 회사가 하는 것과 동일한 방식으로 성장하세요. 더 많은 사용자를 찾고 싶다면 고객에게 어딜 가면 당신 같은 사람들을 찾을 수 있느냐고 물어보세요.

Sales and marketing _성장의 가속화

영업과 마케팅은 나쁜 단어가 아니라는 점을 기억하세요. 훌륭한 제품이 없다면 어느 쪽도 도움이 되지 않지만, 둘 다 성장을 크게 가속화하는 데 도움이 될 수 있습니다. 규모가 큰 기업이라면 이 두 가지를 잘하는 것은 성장의 필수 요건입니다.

특히 판매를 두려워하지 마세요. 창업 멤버 중 적어도 한 명은 사람들에게 제품을 사용하고, 사용했으면 돈을 내라고 요청하는 데 능숙해져야 합니다.

 알렉스 슐츠가 소비재 제품의 성장에 대해 강연한 적이 있는데, 시청할 가치가 있습니다.* B2B 제품의 경우 항상 월별 매출 성장을 추적하는 것이 옳은 방식이라고 생각하며, 판매 주기가 길어질수록 처음 몇 달은 좋지 않게 보일 수 있다는 점을 기억해 두시기 바랍니다(때로는 스타트업을 초기 고객으로 삼아 판매하면 이 문제를 해결할 수도 있습니다).

 큐알코드를 스캔하시면 '성장'을 주제로 한 알렉스 슐츠의 강연을 시청하실 수 있습니다. 각주에 있는 URL을 통해서도 동일한 페이지로 연결됩니다.

● **Growth** https://youtu.be/n_yHZ_vKjno

4-2

집중 그리고 몰입

회사 운영 방법에 대한 조언을 딱 두 단어로 압축해야 한다면 집중과 몰입을 꼽고 싶습니다. 제가 아는 최고의 창업가들에게 실로 걸맞은 단어들입니다.

Say No _하나에 집중하기

최고의 창업가들은 제품과 성장에 끊임없이 집중합니다. 그들은 모든 것을 다 하려고 하지 않으며, 오히려 "아니오."라고 자주 말합니다. 쓸데없는 것들을 쳐내고 집중하기 위해서입니다. (회사를 시작하는 사람들은 새로운 일을 하는 것을 좋아하는 사람들이기 때문에 이건 꽤 어려운 일입니다.)

일반적으로 첫 번째 착수한 일을 어느 정도 장악할 때까지는 다음 일을 시작하지 않는 것이 좋습니다. 제가 아는 어떤 위대한 회사도 한꺼번에 여러 가지 일을 시작하지 않았습니다. 한 가지 일에 대한 확신을 가지고 시작하여 끝까지 해낸 후에 다른 일을 시작했지요.

회사는 생각보다 훨씬 적은 수의 일을 할 수 있습니다. 스타트업이 죽는 가장 흔한 원인은 잘못된 일을 너무 많이 하는 것입니다. 우선순위를 정하는 것은 매우 중요하고 어렵습니다. (회사의 우선순위를 정하는 것 못지않게 중요한 것은 창업가가 자신의 전술적 우선순위를 정하는 것입니다. 개인적으로 가장 효과적이라 생각하는 방법은 종이에 펜으로 매일 세 개의 주요 작업과 서른 개의 부차적인 작업으로 구성된 목록과, 전체 목표에 대한 연간 할 일 목록을 작성하는 것입니다).

Quickly _빠르게 움직이기

뛰어난 창업가들은 큰 프로젝트를 많이 수행하지는 않지만, 어떤 일이든 매우 치열하게 수행합니다. 그들은 일을 매우 빨리 끝냅니다. 그리고 결단력이 뛰어난데, 스타트업을 운영하면서 그러기는 쉽지 않습니다. 스타트업을 운영하는 데에는 여러 가지 방법이 있고, 나쁜 조언이 많기 때문에 상충되는 조언도 많이 듣게 됩니다. 뛰어난 창업가는 모든 조언을 경청한 후 신속하게 자신의 결정을 내립니다.

그렇다고 해서 모든 것을 열심히 하라는 뜻은 아닙니다. 올바른 것을 선택해야 합니다. 폴 부크하이트(Paul Buchheit)가 언급했듯이 10퍼센트의 노력으로 90퍼센트의 가치를 얻을 수 있는 방법을 찾아야 합니다. 시장은 당신이 얼마나 열심히 일하는지 신경쓰지 않습니다. 오직 맞는 일을 하는지에만 관심이 있죠.

제품 품질에 집착하면서 동시에 매우 빠르게 움직이기는 매우 어렵습니다. 하지만 이는 뛰어난 창업가의 가장 확실한 특징 중 하나입니다. 저는 느리게 움직이는 창업가가 정말로 성공한 경우를 단 한 번도 본 적이 없습니다.

당신의 일도 다른 스타트업들과 다르지 않습니다. 집중력을 유지하고 빠르게 움직여야 합니다. 로켓과 원자로를 만드는 회사들도 여전히 그렇게 하고 있습니다. 실패한 회사들은 모두 자신들이 왜 다른지, 왜 빨리 움직일 필요가 없는지에 대한 나름의 이유가 있습니다.

Keep going _중요한 일에 집중하기

효과가 있는 무언가를 찾았다면, 계속 진행하세요. 산만해져서 다른 일에 손대지 마세요. 가속 페달에서 발을 떼면 안 됩니다.

많은 네트워킹 이벤트에 참석하고 여러 사람들 앞에서 연설한다고 해서 유망한 출발을 할 수 있는 것은 아닙니다. 초기 성공에 얽매이지 마세요. 초기에 성공을 거둔 스타트업 창업가는 두 가지 경로 중 하나를 선택할 수 있습니다. 하던 일을 계속하거나, '개인 브랜드'에 대해 많은 시간을 고민하고 창업가라는 지위를 즐기는 것입니다.

컨퍼런스와 언론 인터뷰 등을 거절하기는 어렵습니다. 일단 기분이 좋거든요. 같은 업계의 다른 창업가들이 주목받는 것을 지켜보는 것을 견디기 어려운 경우도 있습니다. 하지만 그런 건 오래

가지 않습니다. 결국 언론은 누가 실제로 이기고 있는지 알아내고, 회사가 실제로 성공하면 여러분이 원하는 것보다 더 많은 관심을 받게 될 것입니다. 극단적인 예를 들자면, 초기 단계의 창업가가 자신만의 홍보 담당자를 고용하는 경우는 드라마뿐만 아니라 실제 현실에서도 존재하며, 거의 항상 실패합니다.

집중과 몰입이 당신을 장기적인 승리로 이끌 것입니다. (찰리 로즈Charlie Rose가 집중과 인맥의 조합을 통해 세상 일이 이뤄진다는 말을 한 적이 있는데, 저는 항상 그 말을 되새깁니다.)

4-3

CEO의 업무

앞서 CEO의 유일하고 보편적인 직무는 회사의 성공을 보장하는 것이라고 언급했습니다. 이는 사실이지만, CEO가 시간을 어떻게 보내야 하는지에 대해 좀 더 구체적으로 이야기하고 싶네요.

Duty and attitude _무슨 일이든, 언제 어디서든

CEO는 ①회사의 비전과 전략을 세우고, ②모든 사람에게 회사를 알리고, ③특히 자신이 부족한 분야를 중심으로 팀을 고용하고 관리하며, ④자금을 조달하고, ⑤작업 실행의 최소 품질 기준을 설정해야 합니다.

이 외에도 비즈니스에서 자신이 가장 사랑할 수 있는 부분을 찾아내고, 계속 참여하는 것이 중요합니다.

처음에 말한 것처럼 스타트업은 아주 힘든 일입니다. 성공한다면 업무가 당신의 삶을 완전히 지배하게 될 것이고, 항상 일 생각만 하게 될 것입니다. 극도의 집중력과 극한의 집요함은 일과 삶의 균형을 위한 최선의 선택이 아닙니다. 업무 외에 중요한 일은 하나만 하기에도 벅찰 것입니다. 예를 들자면 가족이나 철인 3종 경기 등이 있겠죠. CEO는 언제나 '업무 가능' 상태여야 하고, 회사에서 벌어지는 돌발 상황에 대비해야 합니다. 아무리 위임을 잘 해놓는다고 해도 회사에서는 오직 CEO만이 내릴 수 있는 결정이 많기 때문입니다.

팀과 외부 세계에 대한 대응력이 뛰어나고, 항상 전략과 우선순위를 명확히 하고, 중요한 일에는 빠짐없이 참석하고, 신속하게 실행해야 합니다(특히 다른 사람들이 반대하는 결정을 내릴 때에는 더욱 그렇습니다). 또한 "무슨 일이든 한다."는 태도를 가져야 합니다. 이는 실제로 사업을 하다보면 불쾌한 일이 많이 생길 수 있기 때문입니다. 창업가들이 매사에 이런 태도를 가지고 솔선수범하는 모습을 보여준다면 팀원들도 그렇게 할 것입니다.

Mental health _평정심과 멀리 보기

자신의 심리를 관리하는 것은 정말 어렵고도 중요한 일입니다. '멘탈 관리'라는 말은 어느새 진부하게 느껴질 정도가 되었지만, 반드시 필요한 일입니다. 사업을 하다 보면 감정의 기복이 매우 심할 수 있고, 그 속에서 평정심을 유지하는 방법을 찾지 못하면 어려움을 겪게 될 것입니다. CEO는 외롭습니다. 모든 것이 녹아내릴 때 기댈 수 있는 다른 CEO들과 관계를 맺는 것이 중요합니다(이는 와이콤비네이터에서 우연히 찾아낸 중요한 발견 중 하나입니다).

성공적인 스타트업을 이루어 내기까지는 대부분의 창업가가 처음에 예상한 것보다 훨씬 더 긴 시간이 걸립니다. 스타트업을 일종의 밤샘 작업으로 치부해서는 곤란합니다. 잘 먹고, 잘 자고, 운동도 해야 합니다. 가족 및 친구들과 시간을 보내야 합니다. 또한 자신이 정말 열정을 가지고 있는 분야에서 일해야 합니다. 마음이 가지 않는 일로는 10년을 버틸 수 없습니다.

No excuses _웃으며 해내기

스타트업을 시작하면 갖가지 재난이 찾아옵니다. 때로는 재난의 다양성과 규모에 놀라게 될 것이고, 모든 것이 항상 깨진 유리처럼 느껴질 것입니다. 여러분의 임무는 웃는 것입니다. 항상 웃는 얼굴로 문제를 해결하고 팀원들에게 모든 것이 괜찮을 것이라고 안심시켜야 합니다. 대개는 상황이 보이는 것만큼 나쁘지 않지만 때로는 실제로 나쁠 수도 있습니다. 어쨌든 계속 진행하세요. 계속 성장하세요.

CEO는 변명할 자격이 없습니다. 나쁘고 불공정한 일들이 많이 일어날 것입니다. 하지만 스스로에게, 그리고 팀원들에게 "돈이 더 많았더라면…." 또는 "다른 엔지니어가 있었더라면…."이라는 말을 하지 마세요. 그렇게 만들 수 있는 방법을 찾아내거나, 아니면 돈 없이도 할 수 있는 방법을 찾아내세요. 변명을 많이 하는 사람은 대체로 실패하고, 변명을 많이 하는 스타트업 CEO는 거의 항상 실패합니다. 불공평함에 화가 난다면 그 감정을 1분 정도 음미한 다음, 해결책을 찾는 건 자신에게 달려 있다는 사실을 깨달아야 합니다. 사람들이 당신에 대해 이야기할 때 "X는 어떻게든 항상 일을 해낸다."는 표현을 사용한다면 성공입니다. 남들이 그렇게 말하도록 계속 노력하세요.

Just ask _모르면 물어보기

처음 창업하는 사람은 자신이 무엇을 하고 있는지 모릅니다. 이를 빠르게 이해하는 것도 재능입니다. 당신이 무엇을 모르는지 이해한 만큼, 그리고 주변에 도움을 요청한 만큼 더 나은 결과를 얻게 될 것입니다. 좋은 리더와 관리자가 되는 법을 배우기 위해 시간을 투자할 가치가 있습니다. 이를 위한 가장 좋은 방법은 멘토를 찾는 것입니다. 책을 읽는 것만으로는 그다지 효과가 없는 것 같습니다.

와이콤비네이터에서 제공하는 조언 중 의외로 많은 부분이 "그냥 물어보세요." 또는 "그냥 해보세요."입니다. 처음 창업하는 사람들은 누군가에게 도움을 요청하거나 새로운 일을 하고 싶을 때 뭔가 비결이 있을 거라고 생각합니다. 하지만 스타트업은 요령이 통하지 않는 곳입니다. 직설적으로 원하는 것을 기꺼이 요청하고, 바보처럼 굴지 마세요.

Get better _준비하고 낙관하기

창업가는 다른 사람을 위해 현실을 왜곡하되 자신에게는 왜곡하지 않는 것이 중요합니다. 다른 사람들에게는 회사가 10년간 가장 중요한 스타트업이 될 준비가 완료되었다고 설득해야 하지만, 스스로는 잘못될 수 있는 모든 것에 대해 편집증적으로 대비해야 합니다.

끈기를 가지세요. 대부분의 창업가는 너무 빨리 포기하거나 너무 빨리 다음 제품으로 넘어갑니다. 일반적으로 일이 잘 진행되지 않는다면 문제의 근본적인 원인이 무엇인지 파악하고 이를 해결해야 합니다. 성공적인 스타트업 CEO가 되기 위한 가장 중요한 요소는 포기하지 않는 것입니다. (물론 이유 없이 고집을 부려서는 안 되겠지만, 이는 또 다른 명백한 모순이며 판단하기 어려운 문제입니다.)

낙관적으로 생각하세요. 세상 어딘가에 비관적인 CEO가 있을 가능성은 있지만, 저는 아직 만나본 적이 없습니다. 미래가 더 나아질 것이라는 믿음, 그리고 회사가 미래를 더 좋게 만드는 데 중요한 역할을 할 것이라는 믿음을 가져야 합니다. 그런 믿음을 다른 직원들에게 전파하는 것도 중요합니다. 이는 이론적으로는 쉽지만 단기적인 도전에 직면한 현실에서는 어려운 일입니다. 장기적인 비전을 놓치지 말고, 일상의 어려움은 언젠가 잊히고 해마다 발전하는 기억으로 대체될 것이라는 믿음을 가져야 합니다.

The values _가치 있는 일에 집중하기

가장 중요한 업무 중 하나는 회사의 사명과 가치를 정의하는 것입니다. 다소 진부하게 느껴질 수 있지만 초기에 해볼 만한 가치가 있습니다. 처음에 설정한 것이 무엇이든 몇 년이 지난 후에도 여전히 유효해야 하며, 회사가 성장함에 따라 새로운 사람들이 회사의 사명과 가치에 대해 먼저 이해하고 다른 사람들을 설득할 수 있어야 합니다. 그러니 문화적 가치와 사명을 일찍부터 기록해 두세요.

또 다른 진부한 말이지만, 반복할 가치가 있다고 생각합니다. 회사를 세우는 것은 종교를 세우는 것과 비슷합니다. 사람은 자신이 매일 하는 일을 자신이 중요하게 생각하는 더 높은 목적과 연결시키지 않으면 놀라운 일을 해낼 수 없습니다. 저는 에어비앤비가 와이콤비네이터 네트워크에서 이를 가장 잘 실천하고 있다고 생각합니다. 에어비앤비의 문화적 가치관을 살펴보실 것을 적극

추천합니다.

CEO들이 종종 저지르는 실수 중 하나는 새로운 제품과 솔루션을 혁신하는 대신 이미 잘 정립된 비즈니스 영역에서 혁신을 시도하는 것입니다. 예를 들어 많은 창업가들은 인사, 마케팅, 영업, 재무, 홍보 등의 분야에서 뭔가 새로운 방법을 발견하는 데 시간을 투자해야 한다고 생각합니다. 이는 대부분의 경우 나쁜 생각입니다. 회사의 창의적인 에너지는 만들고 있는 제품이나 서비스에 집중해야 합니다.

4-4

채용 및 관리

채용은 가장 중요한 업무 중 하나이며 훌륭한 제품을 만드는 것과는 별개로 훌륭한 회사를 만드는 데 필요한 핵심 열쇠입니다.

Do not hire _채용의 비용 계산하기

제가 드릴 수 있는 채용에 대한 첫 번째 조언은 채용을 하지 말라는 것입니다. 와이콤비네이터에서 함께 일한 가장 성공적인 회사들은 직원 채용을 시작하기까지 비교적 오랜 시간을 기다렸습니다. 채용은 비용이 많이 듭니다. 증원은 조직의 복잡성과 소통 비용을 가중시킵니다. 공동 창업가에게는 할 수 있지만 직원들과는 할 수 없는 말들이 있기 때문입니다. 또 직원 채용은 관성을 가지고 있어서 일단 팀에 사람이 많아지면 방향을 바꾸기가 기하급수적으로 어려워집니다. 한 번 사람을 뽑으면 계속 뽑아야 된다는 이야기입니다. 직원 수에서 자신의 가치를 찾고자 하는 충동을 억제하세요.

Best people _채용에 시간 투자하기

보통 업계 최고의 인재에게는 많은 선택의 기회가 있습니다. 그들은 확실한 로켓에 탑승하기를 원합니다. 만약 당신이 별 볼 일 없다면, 그들을 고용하기가 어렵습니다. 당신의 승리가 확실해지면, 그들은 당신과 함께 일하고 싶어 할 것입니다.

탁월한 인재들은 다양한 선택권을 가지고 있고, 뛰어난 회사를 만들기 위해서는 그런 사람이 필요하다는 점을 다시 한번 강조하고 싶습니다. 균형 감각, 믿음, 책임감을 가지고 관대해지세요. 당신이 얻을 수 없다고 생각하는 사람들을 기꺼이 쫓아가세요. 당신이 탐내는 사람은, 원한다면 자신의 회사를 설립할 수도 있는 사람이라는 점을 기억하셔야 합니다.

채용 모드에 있을 때에는(즉, 제품 시장 적합성Product-Market Fit을 확인한 후부터 쭉) 전체 시간의 약 25퍼센트를 채용에 투자해야 합니다. 적어도 한 명의 창업가(보통 CEO)는 인재 수집에 능숙해야 합니다. 대부분의 CEO가 가장 많은 시간을 할애하는 활동이기도 합니다. 누구나 CEO가 채용에 많은 시간을 할애해야 한다고 말하지만, 실제로는 최고의 CEO를 제외하고는 아무도 그렇게 하지 않습니다. 여기에는 아마도 그만한 이유가 있을 것입니다.

Don't compromise _어려운 상황에서도 함께할 사람

채용을 할 때에는 직원의 자질에 대하여 타협하지 마세요. 모두가 알고 있는 진리이지만, 절박한 상황에서는 누구나 타협을 하게 됩니다. 모두가 후회하게 되고, 때로는 회사가 망할 수도 있습니다. 좋은 사람과 나쁜 사람은 모두 전염성이 있으며, 평범한 사람들과 시작하면 평범한 수준에 머물게 되는 것이 일반적입니다. 사람에 대한 자신의 직감을 믿으세요. 뭔가 의심이 든다면 당신이 보내야 할 문자는 '아쉽지만 이번에는 우리 회사와 함께하지 못하게 되었습니다.'입니다.

만성적으로 부정적인 태도를 가진 사람을 고용하지 마세요. 스타트업 초기 단계에서는 전 세계가 매일 당신들의 사망을 예측합니다. 이것을 이겨내기 위해서는 회사 내부에서 자신들의 영생을 믿으며 단결하는 분위기가 중요합니다. 부정적이고 투덜거리는 사람은 초기 단계의 스타트업에는 적합하지 않습니다.

저는 거의 모든 역할에서 경험보다 적성을 중시합니다. 날것 그대로의 지능과 업무 수행 가능성을 확인합니다. 해야 하는 일을 좋아하는 사람을 찾습니다. 스타트업 직원과 경영진은 많은 시간을 함께 보내고 종종 긴장된 상황에 함께 놓이게 될 것입니다. 아직 잘 모르는 사람이라면 정규직으로 고용하기 전에 함께 프로젝트를 진행해 보세요.

Be a good manager _히어로가 아닌 관리자 되기

좋은 관리자가 되기 위해 투자하세요. 대부분의 창업가에게는 어려운 일이고, 직관적이지 않을 수도 있습니다. 하지만 중요한 일입니다. 좋은 관리자가 되지 못하면 애써 얻은 좋은 동료를 금방 잃게 되고, 좋은 직원을 유지하지 못하면 당신이 세계 최고의 채용 담당자가 된다고 해도 회사 입장에서는 아무런 소용이 없습니다. 이 분야에서 도움을 줄 수 있는 멘토를 찾아보세요.

좋은 관리자가 되기 위한 대부분의 원칙은 널리 알려져 있지만, 저는 사람들이 잘 이야기하지 않는 조언을 하나 하려고 합니다. 바로 '영웅 모드에 빠지지 말라.'입니다. 대부분의 초보 관리자는 어느 순간 영웅 모드를 켜고 모든 것을 혼자서 하려고 하다가 직원들에게 도움을 줄 수 없게 됩니다. 대개는 파국으로 끝나지요. 영웅 모드로 전환하려는 모든 유혹을 물리치고, 알아서 잘 굴러가는 팀을 위해 프로젝트 미팅에 기꺼이 늦을 각오를 하세요.

관리와 관련하여 한 가지 더 말하자면, 모든 직원이 같은 사무실에서 일하는 환경을 조성하세요. 어떤 이유에서인지 많은 스타트업이 이 부분에서 타협합니다. 하지만 가장 성공한 스타트업은 거의 모두 함께 시작했어요. 원격 근무가 대기업에서는 잘 작동할 수 있다고 생각하지만, 스타트업에서 큰 성공을 거두는 비결은 아니었습니다.

마지막으로, 빨리 해고하세요. 원칙적으로 누구나 알고 있지만 아무도 실천하지 않는 일이죠. 하지만 어쨌든 이 말은 해야 할 것

같습니다. 또한, 업무 능력이 아무리 뛰어나더라도 회사 문화에 독이 되는 사람은 해고하세요. 회사 문화는 누구를 고용하고, 해고하고, 승진시키는지에 따라 정의됩니다.

채용에 대한 더 자세한 이야기는 제 블로그에서 읽어보실 수 있습니다.•

 큐알코드를 스캔하시면 '채용'을 주제로 한 샘 올트먼의 에세이를 읽어보실 수 있습니다. 각주에 있는 URL을 통해서도 동일한 페이지로 연결됩니다.

● **How to hire** https://blog.samaltman.com/how-to-hire

4-5

경쟁자

경쟁 업체에 대해 간단히 말씀드리자면, 이상한 '스타트업 괴담' 같은 게 있는 것 같습니다. 처음 창업가들은 스타트업의 99퍼센트를 경쟁자가 죽인다고 생각합니다. 하지만 스타트업의 사망 원인은 99퍼센트가 자살입니다. 외부에 신경 쓰지 말고 내부 문제에 대해 걱정하세요. 만약 실패한다면 경쟁자에게 졌기 때문이 아니라 그저 훌륭한 제품을 만들지 못했거나 훌륭한 회사를 만들지 못했기 때문일 가능성이 높습니다.

Ignore them _자신의 일에 집중하기

99퍼센트의 경우 경쟁자는 무시해야 합니다. 특히 그들이 많은 투자금을 유치하거나 언론에서 잘 나가는 듯한 소음을 발생시킬 때에는 그냥 무시하십시오. 경쟁사가 실제로 제품을 출시하여 여러분을 이길 때까지는 경쟁사에 대해 걱정하지 마세요. 보도 자료는 코드보다 작성하기 쉬우며, 훌륭한 제품을 만드는 것보다 훨씬 쉽습니다. 헨리 포드의 말을 들려드리죠. "두려워해야 할 경쟁자는 당신에 대해 전혀 신경 쓰지 않고 항상 자신의 사업을 더 좋게 만드는 사람이다."

모든 거대 기업은 규모가 훨씬 작았을 때 지금보다 더 심각한 경쟁 위협에 직면했었지만 모두 잘 이겨냈습니다. 언제나 카운터 무브(Counter-move)*는 존재하기 마련입니다.

---

* Counter-move 상대방의 움직임이나 행동에 대응하여 이를 상쇄하거나 완화하기 위한 전략적인 움직임을 말한다. 적의 움직임에 대응하여 오히려 유리한 상황을 만들거나 전세를 비등하게 만드는 방식이다.

4-6

수익 창출

아, 물론 돈을 벌어야 합니다. 창업가인 당신은 그 방법을 반드시 알아내야 하고요.

Cost VS. Price _최저 수익 달성하기

간단히 말하자면, 당신이 제품 및 서비스를 제공하는 데 쓰는 비용보다 사용자들이 더 많은 돈을 지불하도록 유도해야 합니다. 어떤 이유에서인지 사람들은 종종 이 당연한 사실을 잊어버리는 경향이 있습니다.

만약 무료 제품을 제공한다면, 사용자를 돈으로 움직이는 방식으로 성장할 계획은 세우지 마세요. 광고 비용을 받아 운영되는 비즈니스의 경우 이는 정말 어려운 일입니다. 당신은 사용자가 친구들과 공유할 수 있는 무언가를 만들어야 합니다.

만약 고객 생애 가치*가 500달러 미만인 유료 제품을 제공한다면, 일반적으로 영업 활동을 할 여력이 없을 것입니다. 검색 엔진 최적화/검색 엔진 마케팅(SEO/SEM), 광고, 메일링 등 다양한 사용자 확보 방법을 실험해 보되, 3개월 안에 고객 확보 비용(CAC)을 상환할 수 있어야 합니다.

만약 LTV가 500달러가 넘는 유료 제품을 제공한다면, 일반적으로 직접 영업 활동을 할 여력이 있을 것입니다. 먼저 제품을 직접 판매해서 어떤 방식이 효과적인지 알아보세요.《해킹 세일즈(Hacking Sales)》를 읽어보는 것은 도움이 될 것입니다.

어쨌든 가능한 한 빨리 '라면 수익성', 즉 라면으로 생계를 유지하기에 충분한 수익을 올리도록 노력하세요. 이 단계에 도달하면

---

* **Life time value** 해당 사업을 통해 고객 한 명에게 평생 기대할 수 있는 총 수익을 말한다.

자신의 운명을 스스로 통제할 수 있으며 더 이상 투자자와 금융 시장의 변덕에 휘둘리지 않게 됩니다.

Cash flow _현금 흐름 놓치지 않기

마지막으로 현금 흐름을 집요하게 관찰하세요. 믿기 어렵겠지만, 우리는 창업가들이 자신도 모르게 회사 운용 자금을 바닥내는 것을 여러 번 목격했습니다(폴 그레이엄의 에세이를 읽어보세요•).

 큐알코드를 스캔하시면 '운용 자금'을 주제로 한 폴 그레이엄의 에세이를 읽어보실 수 있습니다. 각주에 있는 URL을 통해서도 동일한 페이지로 연결됩니다.

• **Default Alive or Default Dead?** http://paulgraham.com/aord.html

4-7

자금 조달

대부분의 스타트업은 어느 시점이 되면 투자금을 조달합니다. 여기에는 간단한 법칙이 있습니다. 회사가 자금을 필요로 할 때, 혹은 좋은 조건으로 투자금을 조달할 수 있을 때에 자금을 조달해야 한다는 것입니다. 자금을 조달한 후에는 불필요한 곳에 돈을 허비하거나 검소함을 잃지 않도록 주의하세요. 특히 문제를 돈을 투입해서 해결하려고 하지 마세요. 돈이 부족한 것도 나쁘지만, 돈이 너무 많은 것도 대체로 나쁩니다.

Investor _투자자의 시선 이해하기

투자금 유치에 성공하는 비결은 좋은 회사를 만드는 것입니다. 투자자들은 보통 투자 여부와 관계없이 정말 성공할 수 있고, 외부 자본으로 더 빠르게 성장할 수 있는 회사를 찾습니다.

한 가지 알아둬야 할 점은 투자자의 수익은 '큰 성공'에 의해 좌우된다는 것입니다. 가령 여러분이 만든 스타트업이 100퍼센트의 확률로 1000만 달러 규모의 회사로 성장할 것이라고 가정합시다. 하지만 그 이상으로 큰 회사가 될 가능성이 거의 없다면 지금의 회사 가치가 매우 낮다고 해도 투자자들은 여러분의 회사에 지갑을 열지 않을 겁니다. 항상 당신의 회사가 큰 성공을 거둘 수 있는 이유를 설명하세요.

많은 투자자들이 양가적인 감정에 사로잡혀 있습니다. 다음 시대의 구글 같은 회사를 놓칠지도 모른다는 두려움과 시간이 약간만 지나면 명백히 멍청해 보일 투자로 돈을 잃을지도 모른다는 두려움입니다. (최고의 기업들은 이 두 가지를 동시에 두려워합니다.)

Necessary evil _필요할 때, 필요한 만큼만

회사가 자본을 유치하기에 충분한 상태가 아닌데 투자를 받는 것은 좋지 않은 생각입니다. 평판이 나빠지고 시간만 낭비하게 됩니다.

투자금 조달에 어려움을 겪고 있다고 해서 의기소침하지 마세요. 최고의 회사도 처음에는 좋지 않은 모습을 보이는 경우가 많습니다. (사실 거의 항상 유행에 뒤떨어져 보이는 경우가 많죠.) 그러니까 투자자가 거절할 때에는 그 거절의 이유를 너무 중요하게 생각하거나 믿지 마세요. 보통 사람들의 대화에서 "예."가 아닌 것은 "아니오."이지만, 투자자들은 "아마도, 예."처럼 들리는 방식으로 "아니오."라고 말하는 놀라운 능력을 가지고 있습니다.

투자자의 간판에 현혹되지 마세요. 마음에 드는 투자자 목록을 순차적으로 나열하지 말고 모든 대화를 동시에 진행하세요. 어떤 투자자를 끌어들이고 싶다면 그에게 다른 투자자가 자신의 기회를 빼앗아 갈지 모른다는 두려움을 심어주세요. 그게 투자자의 반응을 유도하는 방법입니다.

펀드레이징은 필요악이며 가능한 한 빨리 끝내야 할 일이라고 생각하세요. 일부 창업가는 펀드레이징에 너무 빠져드는데, 이는 항상 좋지 않습니다. 회사가 멈추지 않도록 한 명의 창업가만 펀딩 작업을 하는 것이 가장 좋습니다.

How to pitch _실패해도 놀라지 말기

대부분의 벤처캐피탈은 산업에 대해 잘 모른다는 점을 기억하세요. 항상 숫자로 구성된 지표가 가장 설득력이 있습니다.

상황이 바뀌기 시작했지만, 안타깝게도 대부분의 투자자(와이콤비네이터는 예외)는 여전히 지인의 소개가 있어야만 진지하게 받아들이는 경향이 있습니다.

깔끔한 용어를 고집하고(복잡한 용어는 투자 라운드가 거듭될수록 복잡해지고 악화됩니다), 회사의 가치 평가(밸류에이션, Valuation)에 대해 지나치게 과장하지 마세요. 밸류에이션은 정량적인 요소이기 때문에 창업가들은 가장 높은 밸류에이션을 받기 위해 경쟁하는 것을 좋아합니다. 하지만 중간 밸류에이션은 크게 중요하지 않습니다.

첫 번째 투자가 가장 받기 어렵습니다. 첫 투자에는 에너지를 집중하세요. 이는 일반적으로 당신을 가장 사랑하는 사람들에게 관심을 집중하는 것을 의미합니다. 항상 여러 가지 계획을 세워두세요. 그중 하나는 투자를 받지 않는 것입니다. 관심사에 따라 유연하게 대처하세요. 만약 더 많은 돈을 유용하게 사용할 수 있고 투자 조건이 합리적이라면 기꺼이 받아들이세요.

투자 설명(피칭)을 잘하기 위한 중요한 열쇠는 가능한 한 명확하고 이해하기 쉽게 스토리를 만드는 것입니다. 물론 가장 중요한 열쇠는 실제로 좋은 회사를 만드는 것입니다. 피칭에 무엇을 포함해야 할지에 대한 의견은 많지만 최소한 회사의 사명, 문제, 제품/서비스, 비즈니스 모델, 팀, 시장 및 시장 성장률, 재무 정보는 갖춰야 합니다.

펀딩 라운드가 올라갈수록 기준은 훨씬 더 높아진다는 점을 기억하세요. 시드 라운드에서 매력적인 프레젠테이션을 했는데 시리즈 A에서 실패하더라도 놀라지 마세요.

Outside forcing _외부 시선으로 살펴보기

좋은 투자자는 정말 많은 가치를 더합니다. 나쁜 투자자는 많은 것을 깎아내립니다. 대부분의 투자자는 중간 정도에 속하며 가치를 더하지도 빼지도 않습니다. 적은 금액만 투자하는 투자자는 대개 아무것도 해주지 않습니다(파티 라운드를 조심하세요).

홀륭한 이사회 멤버는 사용자를 제외하면 회사에 성장을 강제하는 가장 좋은 외부 회초리 중 하나입니다. 이 외부 회초리 기능은 대부분의 창업가가 생각하는 것보다 더 가치가 있습니다. 회사약점 보완에 적극적으로 참여할 홀륭한 이사회 멤버를 확보하려면 다소 낮은 가치 평가를 받더라도 기꺼이 받아들여야 합니다.

저는 폴 그레이엄의 에세이가 투자금 유치에 관한 최고의 글이라고 생각합니다.•

큐알코드를 스캔하시면 '투자금 유치'를 주제로 한 폴 그레이엄의 에세이를 읽어보실 수 있습니다. 각주에 있는 URL을 통해서도 동일한 페이지로 연결됩니다.

• How to Raise Money http://paulgraham.com/fr.html

These words seem to really apply to the best founders I know.

If I had to distill my advice about how to operate down to only two words, I'd pick focus and intensity.

훌륭한 아이디어는 수없이 많지만, 실행은 어렵습니다

적어도 천 명, 사실 그보다 훨씬 많은 숫자겠죠. 많은 사람들이 훌륭한 아이디어를 가지고 있다는 것을 기억하세요. 그중 한 명만이 실제로 성공합니다. 차이는 실행에 달려 있습니다. 누구나 '아이디어'를 '성공'으로 전환할 수 있는 다른 방법이 있기를 바라지만, 아직 아무도 그 방법을 찾지 못했습니다.

그러므로 놀라운 아이디어, 탁월한 팀, 훌륭한 제품, 뛰어난 실행력만 있으면 스타트업으로 성공하기는 어렵지 않습니다. 아주 쉬워요! ;)

감사 인사

이 글을 쓰는 데에 아이디어를 제공해 주신 폴 부크하이트, 에리카 카펜터(Erica Carpenter), 브라이언 체스키(Brian Chesky), 애덤 단젤로(Adam D'Angelo), 드류 휴스턴(Drew Houston), 저스틴 칸(Justin Kan), 매트 크리실로프(Matt Krisiloff), 애런 레비(Aaron Levie), 가브리엘 레이던(Gabriel Leydon), 제시카 리빙스턴(Jessica Livingston), 더스틴 모스코비츠(Dustin Moskovitz), 데이비드 루센코(David Rusenko), 콜린 테일러(Colleen Taylor)에게 감사의 인사를 전합니다.

스타트업 경영을 넘어 삶의 경영으로

창업은 어렵고 외로운 일입니다. 국내 통계를 보면 신생 기업의 70퍼센트와 자영업체의 80퍼센트는 만들어진 지 5년 안에 사라집니다. '워라밸'을 포기하고 밤낮없이 생존을 위해 열심히 달려도 말입니다.

한국의 많은 젊은이들이 대학 4년도 모자라 20대의 대부분을 입사 시험에 갈아 넣으며 대기업 정규직을 꿈꾸는 이유도 거기에 있는지 모릅니다. 매달 정해진 월급이 안정적으로 보장되는 예측 가능한 삶. 하지만 이렇게 시작된 커리어도 대부분 40대, 늦어도 50대 초반에는 끝납니다. 100세 시대로 걸어가고 있는 우리는 모두 언젠가는 어떤 형태로든 창업의 문을 두드리게 됩니다.

☐

《샘 올트먼의 스타트업 플레이북》은 기본적으로 스타트업을 잘 만드는 방법을 소개하고 있는 책입니다. 좋은 아이디어를 추려내는 법과, 그 아이디어를 실현할 팀을 꾸리는 법, 투자를 받는 법, 사람을 채용하는 법 등 기업 경영의 핵심 실무에 대한 설득력 있는 가이드를 담고 있습니다. 에어비앤비, 드롭박스 등 올트먼이 지금까지 엑셀러레이팅을 통해 키워낸 기업들의 목록을 보면 이 책에 나오는 조언들이 얼마나 값진 것인지 어렵지 않게 짐작할 수 있습니다.

하지만 제가 책을 번역하면서 흥미로웠던 것은 이 책에 담겨 있는 조언들이 사실 스타트업뿐만 아니라 개인의 삶에도 그대로 적용할 수 있는 보편적인 내용에 가깝다는 점이었습니다. 이 책은 본질적으로 꿈을 실현하고 효율적으로 성장을 거듭하는 방법을 다룹니다.

그런 측면에서 이 책은 첫 스타트업을 만들 생각에 설레고 있는 예비 창업가에게도, 이제 막 스마트 스토어를 차린 개인 사업가에게도, 앞으로 뭘 해야 할지는 모르겠지만 아무튼 대학에 입학한 학생에게도 유효한 내용입니다. 오늘날 우리는 대부분 사람들과의 상호작용 속에서 성장과 목표 달성을 추구하며 살아가고 있기 때문입니다.

올트먼의 조언은 비즈니스의 영역을 넘어 개인적, 직업적 여정의 다양한 측면에도 활용할 수 있는 삶의 지혜를 제공합니다. 어쩌면 이 책은 십여 년이 지난 후에 사람이 생을 살아가며 무언가 의미 있는 결과를 효율적으로 얻어내는 분야에 있어서 핵심적인 통찰을 제공하는 일종의 고전처럼 평가 받을지도 모르겠습니다. 저자인 올트먼이 대단한 사람이라서 그렇다기보다는 우리가 살아가는 시대가 이 책을 고전의 반열로 한 걸음씩 밀어 넣고 있지 않나 하는 느낌이 들었습니다.

¤

우리 모두는 본질적으로 자기 삶의 경영자입니다. 삶의 기로에서 매 순간 어떤 선택을 하느냐가 우리의 미래를 형성하고 행복을 결정합니다. 생의 복잡성을 헤쳐 나갈 때《샘 올트먼의 스타트업 플레이북》이 좋은 길잡이 역할을 해주기를 바랍니다.

"훌륭한 아이디어는 수없이 많지만,
실행은 어렵습니다."

샘 올트먼이 창업가에게 던지는 '아이디어'에 관한 다섯 가지 질문

1. 무엇을 만들고 있고, 왜 만들었나요?

2. 당신의 제품을 절실히 원하는 사람이 있나요?

3. 꼭 '이 회사'로 시작해야 하나요?

4. 어떻게 독점적 상태에 도달할 건가요?

5. '이 시장'을 선택한 이유가 뭔가요?